AF417694

Titel: Verloren uurtjes
Auteur: Jeroen van Luiken-Bakker
Artwork: Jasper Kloosterboer
Redactie: Margreet de Roo voor Maneno tekstredactie
Uitgever: Uitgeverij IJmond
Uitgevrij IJmond is een imprint van Ahvô Braiths, Beverwijk

<u>Verloren uurtjes</u>
Dichterwerken van Jeroen van Luiken-Bakker

www.jeroenvanluikenbakker.nl

Eerste druk, eerste oplage 2012 *(in eigenbeheer)*
Eerste, herziene herdruk, eerste oplage 2020

Nur: 306
ISBN: 978 9492 4690 21

Inclusief:

Voorwoord door Bob Blinkhof
&
artwork van Jasper Kloosterboer

Door bij de pakken neer te gaan zitten
is men vergeten de uitdaging aan te gaan

Foar Thys Jilles;
Meidat do, do wêze

Inhoud

Het was eind 2010 dat ik Jeroen leerde kennen via werk voor een lokaal radiostation. Op het moment dat ik hem zag, dacht ik niet dat er een dichter in hem zat. Niet zo lang na onze eerste samenwerking begon er langzaam een vriendschap te ontstaan en werden onze oppervlakkige gesprekken diepgaander. De dichterlijke, open aard van Jeroen kwam bovendrijven.

In de afgelopen tijd bespraken we vele zaken die ons allen in het dagelijks leven bezig kunnen houden: liefde en relaties, innerlijke zoektochten en het leren omgaan met emoties. Deze herkenbare zaken, waar Jeroen op zijn eigenwijze wijze woorden aan weet te geven, liggen nu voor u in dit boek.

In veel van de fijne momenten en gesprekken kwamen ook onze schrijfambities op tafel te liggen. Beiden droomden we ervan om een eigen boek uit te geven. Jeroen heeft aan het langste eind getrokken en de race om de eerste te zijn gewonnen. Als vrienden gun je elkaar zoiets, dus Jeroen: gefeliciteerd! Ik weet dat je het andersom evenzo had gevoeld.

Wat ik bijzonder blijf vinden is dat iemand met het syndroom van Asperger en dyslexie zo'n roerend en prikkelend gedichtenwerk heeft weten te produceren. Het zal lang niet altijd eenvoudig geweest zijn, maar zoals Jeroen zou zeggen: 'De beperking vormt voor mij de grootste uitdaging.'

Ik wens u veel plezier bij het lezen van dit boek.

Bob Blinkhof

<u>Voorwoord bij de 2de editie</u>

Nu de tijd is aangebroken voor deze tweede, en ietwat herziene, editie komen al mijn teksten weer aan mijn ogen voorbij en dat roept herinneringen op. Het was zondag 1 april 2012 toen ik mijn debuut mocht presenteren in de Onze Lieve Vrouw van Goede Raadkerk in Beverwijk. Ik herinner mij dat het een prachtige presentatie was met zo veel lieve en inspirerende mensen om mij heen die het allemaal mogelijk hebben gemaakt. Woorden kunnen niet omschrijven met wat voor gevoelens ik daarop terugkijk. Een klein zwart randje, en misschien in retroperspectief had ik mij geen grotere 1 aprilgrap kunnen indenken, dat juist op die zondag, die zó tot in de puntjes was georganiseerd, de boeken nog niet binnen waren – en voor wie dat weten wil, ze kwamen de dinsdag daarop. Ik zie mijn neefje, Thys, nog een haastig in elkaar gezet vervangend eerste exemplaar aan mijn opa en oma uitreiken, dat was een mooi en dierbaar moment. Er waren vele mooie momenten: Isabel die prachtig zong, verschillende dichters die hun kunsten vertoonden, Jasper die iets over de totstandkoming van zijn kunstwerken vertelde en natuurlijk de hartverwarmende parochianen van de Goede Raadkerk. Ik ben dankbaar dat zij mij hebben willen ontvangen en ik ben verheugd dat zij ondanks dat hun kerk is gesloten voor diensten toch een andere plek hebben gevonden die zij 'thuis' mogen noemen.

Bob schreef destijds in zijn voorwoord al iets over zijn schrijversambitie, en ik ben er dan ook bijzonder mee in mijn nopjes dat mijn uitgeverij zijn debuut (*Gelukkig is het niet bewolkt vandaag*) mocht publiceren. Het is werkelijk een prachtig boek geworden met daarin 'zijn eigenwijze wijze woorden' en levenslessen. En zoals Bob zelf al schreef, 'als vrienden gun je elkaar zoiets', dus Bob: van harte!

Met deze warme herinneringen rest mij niets anders dan vanaf deze bladzijde u, de lezer, te bedanken en veel plezier te wensen met boekje.

Jeroen van Luiken-Bakker

Eenzaamheid in drie bedrijven

Proloog

De eenzame eenzaamheid

Daar gaat hij eenzaam en alleen
Al voor hij verdween
Door de wouden wadend
In eenzaamheid verganend

Eerste bedrijf: De eenzame leegte

Een leeg huis
Een lege kamer
Een leeg hoofd
Een armzalig hart

Tweede bedrijf: Alleen met de eenzaamheid

Alleen de eenzaamheid brengt
een beetje troost
Want alleen de eenzaamheid weet
wat ik oogst

Intermezzo

Eenzaamheid is nooit alleen, want eenzaam-zijn doet met hem mee.

Derde bedrijf: De hoogste tijd

Eenzaamheid kent geen tijd
Behalve verloren uurtjes

Maandagochtendpaniek

De stilte in mijn hoofd wordt ruw verstoord
De dag breekt aan

Er flitsen miljoenen impulsen door alle uithoeken van mijn brein
De eerste gedachte van vandaag
dient zich aan:
verrek, ik leef nog

De dag begint …

De wekker uitzetten, nee,
eerst even snoozen
(Te laat) opstaan
Katten eten geven
Aankleden
Wassen
Eten en de deur uit

O ja, wat gaan we doen …

Tas pakken
Agenda lezen
Deur sluiten

Heb ik de sleutels wel gepakt?
Is het licht uit?
Nog iets vergeten?
O ja, ik moet nog steeds even eten

De rust en controle keren langzaam terug
Mijn gedachten raken leeg en dan opeens,
uit het niets, op de fiets,
bijna te lang onderweg,
kom ik tot de conclusie
dat het pas
zondagochtend is …

De vogel en een kind

Verhuizen is als een vogel
van bloem tot bloem
zoekend naar een lekkernij
Door dozen te vullen en te verplaatsen
En vrienden te verlaten maakt dat
Een kind nog niet blij

De vogel zingt al zoekend naar een vriend
Vrienden en herinneringen vervagen
Naar de nieuwe kan men nog niet vragen

De vogel vindt een vriend en bouwt een nest
Als een kind op de nieuwe school
weer eens is gepest
Verlangt het terug naar het oude nest

En als in mei het vogelvriendje legt haar ei
En op een dag het kind voor de verandering eens blij kan zijn
Is het als de vogel zo vrij
Van bloem tot bloem van boom tot boom zingend van tak tot tak

Zo blij als wat
De vogel en een kind

Des Vollemaansgenootschaps

De volle maan lonkt de roep
De wind jaagt de wolken in haar gezicht
Buiten is het stil, doodstil …

Ik hoor een wolf huilen, awhoe …
Awhoe … het verlangen naar een antwoord
Awhoe … er komt niets terug

Hij zit diep in mij …
De volle maan lonkt de roep …

Voor het bijbehorende filmpje scan de QR code of ga naar:
https://youtu.be/kmjQTHeTwyQ

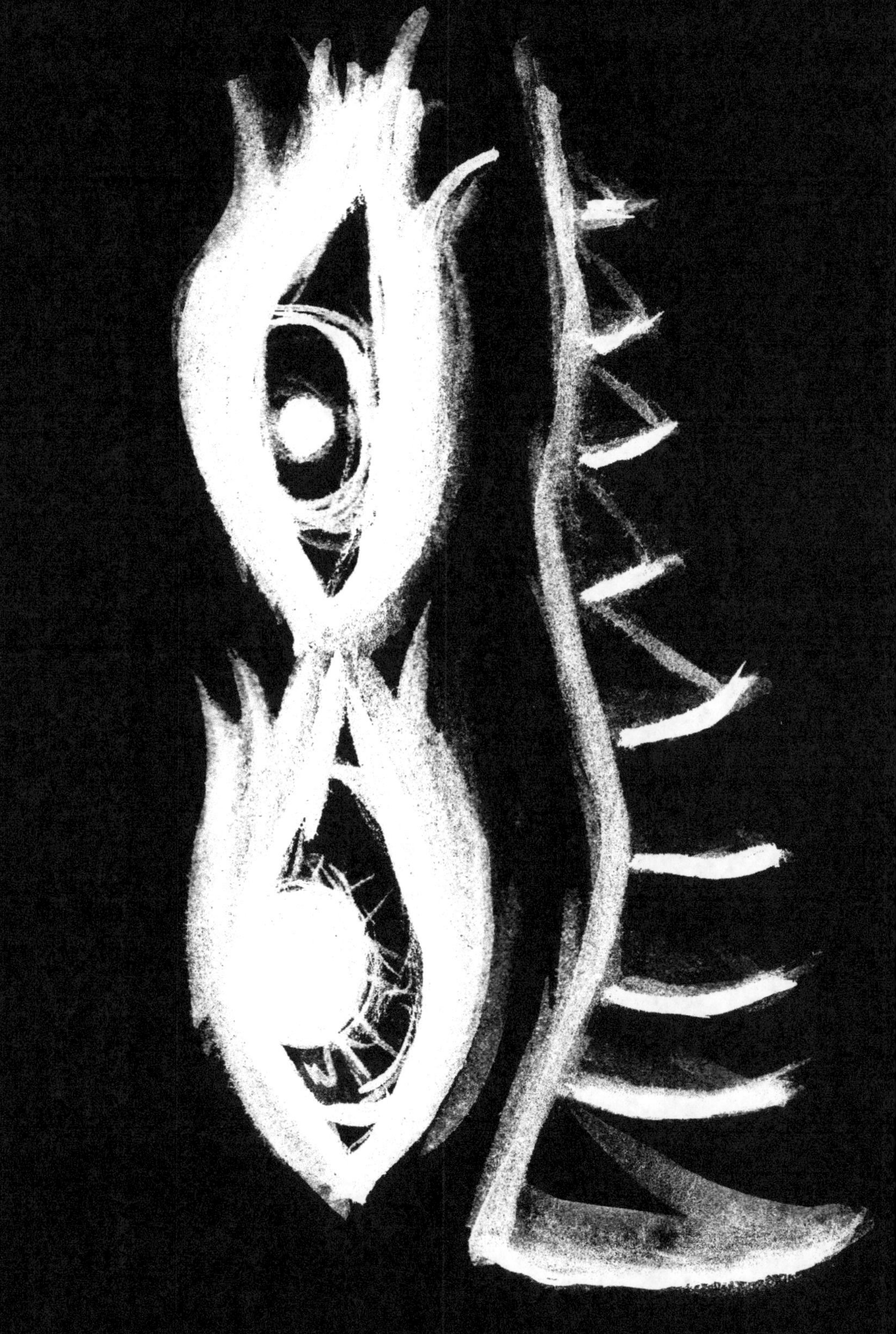

**De kracht van de liefde overwint
zelfs de donkerste daad**

De bloem en het heertje

Mijn mooie zachte bloem,
deze jonge heer verlangt zo naar een zoen.

Zelden komt hij, in gedachten, tot inkeer.

Zijn lichaam verlangt zo naar je zachte doch ferme hand,
hij ziet je al in zijde en in kant.

Hij voelt jouw, mijn …, mooie rode roos,
dat je ervan bloost.

Water geven doet de jonge heer tot hij uit je keert.

De bloesem was nu op z'n best
Alleen dan komt de bloem tot rust …

En slaapt zij op een bloesembed.

Romantische spruitjes

Een romantisch diner
met spruitjes en tuinbonenpaté
Je oude schoenen ruiken naar
Maar jij en ik,
wij zijn een paar.

Het parfum van je nieuwe bloemen
Je spruitje
… jij …
jij ruikt naar jou.

Jouw spruitjes zijn altijd al heerlijk geweest.

De bloem van je dromen gaat zo open …
Ach laat mij nog even sluimeren en dromen
bij die overheerlijke geur van jou aan tafel
en van jou en je schoenen en …

Ach die prachtige bloemen
Want alleen jij droomt nog over mij
Laat dat moment nu gaan want dat
gaat toch nooit meer voorbij.

Aangespoord door (toenmalig) Radio Beverwijk-collega en dichtster Çanan Yağmur om iets romantisch te schrijven over iets (spruitjes) wat ik vreselijk vind.

<u>Jouw fontein mijn oase</u>

Kijk daar zit jij nou
Met zo'n geile bolling in je broek
Al weet ik dat het anatomisch incorrect aandoet

Ik kijk en ik kijk en ik kijk
Jij kijkt en jij geilt …

… mij op zoals het hoort
Kleine woordjes sterke armen
Mooie genen

Oh wat zou ik daar toch voor geven,
Al was het maar voor even,
Te voelen tussen die geile benen.

De extase van jouw fontein
is de lang verwachte oase in mijn woestijn.

Geschreven voor een vriendin van mij. Zij had een relatie met een jongen en wilde weleens wat meer dan 'elkaar alleen maar zien'. We spraken over wat zij zo leuk vond aan deze jongen en ik schreef dit uitlokkende gedicht voor haar.

Goed kan geen goed zijn
zonder kwaad,
zoals licht geen licht kan zijn
zonder duisternis

Krom recht

Het blinde recht als het u wat zegt

Geblinddoekt staat u daar met
zwaard en weegschaal

Zag u maar wat meer en
keek eens op de mens neer

Het blinde recht als het u wat zegt

Justitia dan misschien,
zij zou ook eens willen zien

Maar beter af is zij thans dan
ongeblinddoekt zij danst

Het blinde recht als het u wat zegt

<u>Vrijheid is vrij maar niet vrijblijvend</u>

Vrijheid is vrij van onderdrukking
Vrijheid heeft wel grenzen
Zonder grenzen geen vrijheid en geen blijheid

Er zijn regels nodig om de toekomst
veilig te stellen zonder elkaar neer te knallen
En als we in vrijheid willen leven
zullen we er een klein stukje van weg moeten geven
Zodat ook een ander met ons die
vrijheid kan beleven

Vrijheid is ook recht
Recht is soms krom
Het recht te spreken
Een stukje recht van spreken opgeven
zodat een ander zijn recht op godsdienst
mag beleven?
Heb ik dan geen recht van spreken
om de onzin ervan aan te geven?

Ja dat wel
Welk recht heb ik u mede te delen
dat Christus in verloren eeuwen
hetzelfde schreeuwde als Mohammed,
Buddha of Freya?
Beledigen is niet het doel dus houd ik mijn smoel.

U begrijpt gerust hoe ik het bedoel.

Het dilemma 'MENS'

Gevangen tussen hoop en vrees
Ik leef in vrijheid

Gelovend in God, maar niet uit eigen keus
Ik geloof in niets

Snakkend naar water
Ober, m'n wijn is te zoet

Moeten kiezen, slechts uit één
Ik kan niet kiezen, er is te veel

Dromen van revolutie
Beurscrash mijn nachtmerrie

Eindelijk vrij
Op het achtuurjournaal komt weer een oorlog voorbij.

Beiden gelukkig, beiden tevree
In de wereld van heden is dat geen van twee

Carpe diem!

<u>Witte stad over de duinen</u>

Even is Beverwijk bezweken onder een witte deken
Wegen onbegaanbaar
Een ongeluk op de Büllerlaan

Toch speelt de onschuld hier met veel plezier
Doch de witte deken
ook nu blijft hij geen weken

Sneeuwmannen, sneeuwballen, glijden en gallen
Opnieuw is er een fietser gevallen

Toch geniet nu elk wezen van de witte deken
Zelfs de vogels, bomen en struiken
In Beverwijk laat de winter zich ontluiken

De anonieme reiziger

16 april 1944
Het is bij bioscoop de Pont
daar zit je dan op je kont.

Hoe ben je hier gekomen?
Waar kom je vandaan?
Bij wie zat je ondergedoken?

Een boze mof stampt met plezier op de grond
'Eins, zwei, drei, marsch!
Aufstehen und laufen!'

Naar station Beverwijk voert de tocht des afziens.
Je was niet alleen
Vijfhonderd man was er op de been.

Ze kwamen van heinde en ver.
Ze werden opgepakt en doken onder,
in café de Klomp en zelfs in de kerk.

Hoe ben je hier gekomen?
Waar kom je vandaan?
Bij wie zat je ondergedoken?

Op de trein, als vee naar Amersfoort.
Achter bleven vrouwen en kinderen
die verwilderd en verbijsterd naast
het spoor konden staan.

De trein komt op stoom …
'Polizeiliches Durchgangslager Amersfoort'

Onderweg, je denkt nog aan … net
Je kunt het niet bevatten.
Wat dachten die moffen wel, jou op te pakken?

Hoe ben je hier gekomen?
Waar kwam je vandaan?
Bij wie zat je ondergedoken?

Erger dan moffen waren die broeders
van Nederlandsche aard
Zij die de kwelling deden verergeren
Zodat de Duitsers leken op een vriendelijke waard

'Polizeiliches Durchgangslager Amersfoort'
De trein komt aan, opgelucht kom je er eindelijk uit
Maar dan blijkt dat je toch verder moet gaan

Een man vraagt:
Hoe ben je hier gekomen? Waar kom je vandaan?
Dan is hier je nummer en daar moet je staan!

Je was niet de enige, velen gingen er mee
Toch was je verslagen en alleen
Waar je ooit terechtkwam dat weet er geen

Te werk gesteld? Hoe ben je hier gekomen?
Bij een Duitse boer? Waar kwam je vandaan?
Misschien ontsnapt? Bij wie zat je ondergedoken?

Bij wie zat je ondergedoken?
Waar kom je vandaan?
Hoe ben je hier gekomen?

Waar ga je naartoe?

Waar ga je naartoe?

Opgedragen aan dhr. Cor Bart en zijn Stichting 16 april 1944, die ervoor zorgt dat de razzia van Beverwijk en Velsen-Noord niet vergeten wordt. Met dank aan dhr. Jan Schrama en Kennemer Delta, omdat zij mij op het bestaan van deze stichting attent maakten.

Die Wijcker Duinjaghers

Ik beken kleur. Mijn kleur is rood. Rood als een alles verwoestend vuur
dat voor veel verdriet zorgt.

Vuur! Brand! Werk! Feest!

Plagers zijn er door de duinen gewaard
Vuur en schrik hebben zij veroorzaakt

Waarom?

Door de Duinjaghers opgebouwd
Met bloed zweet en tranen
In harde arbeid van twee voortschrijdende jaren

Vuur! Brand! Waarom? Waarom!

Nu komen de plagers opnieuw opdagen
De feestelijke opening moet zich nu vertragen

Waarom?

Wij wanen ons in verloren jaren
Waarom moest een nieuwe brand ons
Nu van ons werk beroven
Wanneer kunnen wij ons verleden doven?

Vuur! Brand! Werk! Feest!
Vuur! Brand! Waarom? Waarom!

Ik beken kleur. Mijn kleur is rood. Rood als een alles verwoestend vuur dat voor veel verdriet zorgt. Ik ben het vuur dat onwillig door het hout vreet van verloren bomen, ik ben het vuur dat Die Wijcker Duinjaghers heeft verzwolgen. Rood is mijn kleur, eerst van vuur nu van woede uit onmacht. Het waarom weegt zwaarder dan het wie of wat, woede van het moment maakt plaats voor bezinning en terneergeslagen zullen zij niet zijn, want zij hebben een langere adem dan het alles verwoestende vuur. Rood zijn de vlammen van paniek en wanhoop maar daar … kijk, daar achter de duisternis, daar aan de horizon, daar loopt een Wijcker Duinjagher trots naar zijn nieuwe clubhuis.

Dit gedicht is geschreven nadat vroeg in het jaar 2011 ten tweede male, in twee jaar tijd, het clubhuis van de scoutinggroep 'Die Wijcker Duinjaghers' afbrandde. Zij hebben met heel hun wezen, bloed, zweet en tranen het clubhuis na de eerste brand herbouwd. Eén week voor de 'grande' heropening viel het ten tweeden male aan de vlammen ten prooi. In diezelfde periode was toevalligerwijs het thema van een dichtersbijeenkomst in Wijk aan Zee 'beken kleur'. Ik schreef dit gedicht speciaal voor die avond. Derhalve is het aan de scoutinggroep geschonken.

**Dies irae, dies illa
solvet saeclum in favilla
teste David cum Sibýlla**

(Missale Romanum)

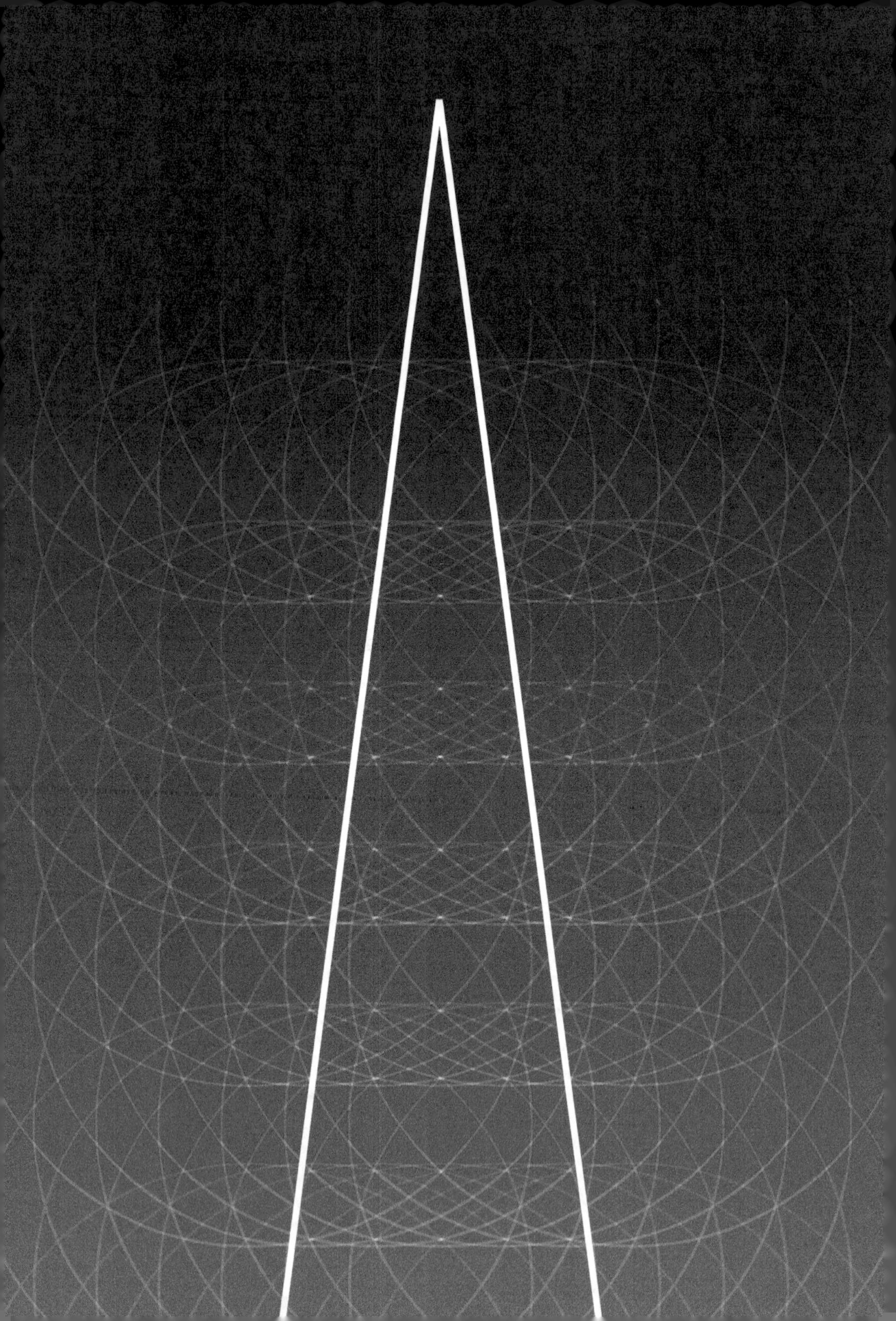

Stilte en vrede

Stilte …

Stilte … een moment, een moment van rust
Stilte voor de eeuwigheid, onbetastbaar …
Ontastbaar lang zonder zijn …

Stilte … een moment in de eeuwigheid

Vrede … de eeuwigheid in een moment

Vrede … een eeuwigheid, een moment van geluk
Vrede met het moment, onbelastbaar …
Ontastbaar lang zonder zijn…

… Rust …

Een engel Gods

Pijnlijk, uw verlies
Pijnlijk is de geboorte van een engel Gods

Treur maar vrees niet, Allah is wijs,
Allah is trouw

Deze engel neemt het voortouw
Op uw pad naar het paradijs

Sallallahoe aleihi wa sallam
(Allahs zegen en vrede zij met hem)

Geschreven voor een (toenmalige) Turkse collega die zijn ongeboren kind verloor. Het is binnen de islam mogelijk om een doodgeboren kindje (wanneer het bijna voldragen is) te beschouwen als de geboorte van een engel van Allah (God) die zijn ouders na hun dood naar het paradijs zal begeleiden.

Koninkrijk Gods

Uw dood brengt aan ons duisternis voorbij
Echter ook licht vanuit de hemel schijnt u bij

Het menselijk stof komt tot rust
en engelen begeleiden u in hun vlucht

Zachtjes klinkt de stem van God

'Welkom in Ons paradijselijk oord
Rust nu zacht, er is nog iemand die op u wacht.'

DE LEGENDE VAN
SLAAP
aan
ZEE

Het korte verhaal 'De legende van Slaap aan Zee' is gebaseerd op volksverhalen en legenden. Het verhaal werd voor het eerst opgetekend door Washington Irving (1783-1859).

Het gerucht waarde al langer door onze familie, maar wij hebben de verschrikkelijke verhalen van onze voorgeschiedenis nog nooit opgetekend. Het wordt tijd dat jij kennisneemt van de verschrikkingen die onze familie heeft mogen overleven en die ons nog altijd achtervolgen.

We schrijven het jaar 1482, het geboortejaar van Rijckert Aertszoon. De dorpsweide van een klein plaatsje aan zee zou ons zo veel ellende brengen dat onze familie bijna zou uitsterven. In die donkere jaren leek het dorp zich niet te bekommeren om de beslommeringen van buiten. De visvangst liep terug en men was vooral druk bezig een nieuwe bron van inkomsten te zoeken. Van buitenaf noemde men het dorp Slaap aan Zee en Duin, maar in de volksmond werd het simpelweg Slaap aan Zee genoemd want de teloorgang zat er al jaren aan te komen. Het dorp vernieuwde niet of nauwelijks en dat terwijl de nieuwe boten de vis niet konden afleveren omdat de aanlegplaatsen ontbraken. Er gingen in het dorp vage geruchten rond over de weide die midden in het dorp lag. Iedereen ging er met een grote boog omheen, angst speelde op wanneer de weide werd genoemd. De wegen werden eromheen gelegd, de kerk weigerde er een begraafplaats te maken, en dat werd absoluut toen de eerwaarde vader er werd weggejaagd door een, zoals hij het omschreef, 'duivels monster'. De volgende dag werd hij dood gevonden aan de voet van het altaar in de zestig jaar oude dorpskerk. Men heeft zijn dood altijd geweten aan de angst voor de duivel of door wat hem was overkomen op de weide. Zelfs vandaag de dag is het noemen van de weide iets dat men liever in de veiligheid van huis en haard doet en wordt er niet openlijk over gepraat. Men fluistert dat het zou gaan om een zwarte ruiter zonder hoofd.

In het holst van de nacht, als de schaduwen het donkerst zijn, de sterren schitteren en de wind de wolken in het gezicht van de maan blaast, rijdt de ruiter zonder hoofd door het dorp. Menigeen beweerde hem gezien te hebben, de ene keer in zwarte gewaden met zijn hoofd in zijn armen en een andere keer helemaal zonder hoofd. Er waren mensen die beweerden hem gezien te hebben met hoofden van zijn slachtoffers. Niemand heeft echter ooit geprobeerd hem te stoppen.

De hoofdloze ruiter zou het dorp aan de rand van de afgrond brengen; niemand durfde nog naar het dorp te komen. De dorpelingen moesten hun handel naar de grote stad verplaatsen, maar de mensen daar gaven niets om ons en velen eindigden aan de bedelstaf. Velen gaven de schuld aan de heidenen, zij zouden de doden hebben behekst, maar ook de nazaten van de vervloekte Rorik van Dorestad zouden er iets mee te maken hebben. Men beweert dat zijn nazaten nog altijd op onze familie jagen.

Op een dag kwam er iemand de lange weg van de stad naar Slaap aan Zee en

Duin af gelopen en wilde zich vestigen in het dorpje. Hij droeg, zoals dat gebruikelijk was in die tijden, een stok met een grote lap met zijn spulletjes erin geknoopt. Het was een lange man met smalle schouders, lange armen en handen die niet onder deden voor kolenschoppen. Je zou dan ook verwachten dat hij zware arbeid zou verrichten. Maar zijn pak deed anders vermoeden. Hij droeg een keurig kostuum, dat duidelijk gesleten en gescheurd was door het weer en de lange reis die hij had gemaakt; hij kwam duidelijk van ver. Hij had groene ogen en een scherpe spitse neus en in verhouding was zijn nek erg dun – die leek wel een windhaan als je er van de zijkant naar keek. Al met al een beetje een vreemd figuur en als je hem in een veld zou zetten, zou hij zo door kunnen gaan voor een vogelverschrikker.

Hij werd gestuurd uit naam van graaf Filips de Schone. Eigenlijk stuurde zijn vader, Maximiliaan, deze vreemdeling naar Slaap aan Zee en Duin, de graaf zelf was pas vier jaar oud en had net zijn moeder verloren. De verhalen over de hoofdloze ruiter en de verloederende bevolking trokken de aandacht van de graaf van Holland en hij besloot om Ichabot Luiken als leraar naar het dorp te sturen om de kinderen een toekomst te bieden, zoals hij zijn eigen zoon ook een toekomst wilde bieden. Het schoolgebouw waar Ichabot Luiken les zou gaan geven was eigenlijk een verlaten houten gebouw aan de voet van een van de duinheuvels aan de zuidzijde van de weide, niet ver van de kerk waar de eerwaarde vader dood was aangetroffen.

De lessen verliepen rustig, verschillende bomen groeiden her en der dwars door het gebouw en waar mogelijk werd er dan een boom gebruikt als zitplaats voor de kinderen. De kinderen spraken wild enthousiast over de lesstof en af en toe klonk er de stem van de leraar, soms belerend, soms streng manend tot stilte, en soms viel er een woord dat de kinderen niet konden plaatsen. Echter, meneer Ichabot Luiken kwam van ver en sprak dus ook wat vreemd zo af en toe. Men denkt dat hij ver uit het zuiden kwam. Na schooltijd was hij het speelmaatje van de oudere jongens, die met hem dolden. Daarna bracht hij de jongsten naar huis, wetende dat zij een schone zuster hadden of dat moeder thuis alleen zat te wachten op haar man. Hij leek het belangrijk te vinden om goede contacten te onderhouden met zijn leerlingen en met de mensen uit het dorpje. Het inkomen dat Ichabot ontving door op de school te werken was nauwelijks genoeg om zich mee in leven te houden en dagelijks aan zijn brood te komen, maar het werk gaf hem zo veel voldoening dat het hem niet uitmaakte. Soms als hij geluk had, mocht hij bij een van de eenzame moeders eten of logeren, en zo groeide een traditie en logeerde Ichabot dan hier en dan weer daar. Daar stond dan weer tegenover dat hij moest helpen bij allerlei klusjes die in het dorp gedaan moesten worden, van kleine reparaties tot de oogst. Tijdens dit werk bleef er maar weinig over van de strenge schoolmeester die hij was en werd hij een kalme, toegankelijke man die bevlogen zijn werk deed. Ook zou hij een meesterlijk zanger blijken en al snel werd hem gevraagd de kinderen de psalmen te leren zingen. Dit bracht hem ondanks de armoede toch een lieve duit in het zakje.

De schoolmeester was een geliefd onderwerp van gesprek voor de dames en op zondag tussen de missen door liepen zij met hem rond de kerk en het plein, daar waar de bomen het dichtst op elkaar stonden, en langs de graven van de doden en zij noemden dan de namen van de overledenen als die op de steen stonden. De vrouwen uit het dorp zagen hem als iemand die zich gedroeg zoals het een echte heer betaamde en iemand die goed geletterd was en welbespraakt.

Ichabot wist veel van de wonderen der natuur en over heksen en andere heidense gebruiken. Hij werd aangetrokken door de buitengewone en bizarre folklore. Na schooltijd maakte hij vaak een wandeling door het dorp en de omliggende bossen en hij luisterde graag naar de oude verhalen uit lang vervlogen tijden, en die waren er genoeg. Iedereen in het dorp had verhalen van vroeger en er zaten bijzondere en vreemde verhalen tussen. Sommige waren werkelijk gebeurd, maar andere waren slechts verzinsels – of toch niet helemaal? Na zulke verhalen liep hij terug naar zijn logeeradres en op die momenten vormde het krijsen van een uil, het brullen van een kikker en het snerpen van een krekel aanleiding tot koude rillingen over zijn lichaam en prikkelde dat zijn overenthousiaste verbeeldingskracht. Het was op zulk soort momenten dat hij spontaan de psalmen, die hij aan de jongste kinderen leerde, zelf hardop begon te zingen. De mensen verbaasden zich wanneer zij hem zo hoorden zingen. Het bezorgde de toehoorders een sereen en gerustgesteld gevoel en de dorpelingen voelden zich dan echt veilig. In de winter genoot Ichabot ervan om bij de oudere vrouwen de verhalen van vroeger aan te horen, maar in het bijzonder interesseerde hij zich voor de verhalen over spoken, heksen en kabouters en over vervloekte huizen. Zijn aandacht werd vooral getrokken door de verhalen over een hoofdloze ruiter.

Zo vertelde de oude mevrouw Duin dat zij 's nachts als jong meisje stiekem naar buiten was geslopen om met haar vriendje af te spreken voor een nachtelijk wandeling en had moeten zien hoe hij op een mooie zomeravond vol van verliefdheid de moeite nam naar haar toe te komen vanaf de andere kant van de weide. De weide die midden in het dorp ligt. Terwijl Jan wel beter had moeten weten liep hij toch de weide op om de weg af te snijden en sneller bij haar te zijn. Plots stak er een mist op die het silhouet van Jan Aardenburg langzaam opslokte en daar verscheen de gedaante van een ruiter in de mist. De ruiter naderde de plek waar Jan had gelopen en in de mist kon zij nog net iets ronds waarnemen dat naar het hoofd van Jan werd geworpen, waarop Jan ter aarde stortte. Sindsdien is er nooit meer iets van hem vernomen, zijn lichaam is nooit gevonden.

Hoe leuk Ichabot de verhalen ook vond, op weg naar huis overviel hem telkens weer het angstige gevoel dat hem iets zou overkomen; de kleinste knak van een tak joeg hem de stuipen op het lijf. Dat was ook niet zo vreemd, want iedereen in het dorp had wel iets gezien of meegemaakt dat te maken had met de hoofdloze ruiter. Het vallen van takken in de sneeuw deed hem denken dat de ruiter van de weide nu vlakbij moest zijn. Het bleken slechts de schaduwen van de nacht te zijn die hem zo liepen op te jagen. Bij het daglicht kon hij zich er echter van verzekeren dat er niets aan de hand was.

Ichabot had een prettig en rustig leven kunnen hebben, ware het niet dat een wezen zijn pad kruiste dat meer schade kon aanrichten aan een mens dan alle soorten heksen, kabouters en spoken bij elkaar, en dat wezen was ... een vrouw. Onder de mensen die wekelijks les van hem kregen in het zingen van de psalmen was ook de enige dochter van een boer. Ze kwam van ver, boerderij Tusschenwijck lag tussen Slaap aan Zee en de grote stad. Haar naam was Katrina Zonneveld, vanwege de vele zonnebloemen die altijd op een klein veld vlak bij de boerderij van de familie hadden gestaan. De bloemen waren er niet meer, maar de familie had die naam aangenomen. Het viel de mensen op dat de bloemen verdwenen waren sinds de verhalen over de hoofdloze ruiter de ronde begonnen te doen. Katrina was een beeldschone dame van amper achttien lentes jong, had een lichte blos op haar wangen die deed denken aan de kleur van zachte rozen, ze had prachtig golvend blond haar tot over haar schouders en ze was alom geliefd, niet alleen om hoe ze eruitzag maar ook vanwege de verwachtingen die iedereen van haar had. De boerderij was altijd al de grootste werkgever in de omgeving geweest. Bovendien was Katrina veel ondernemender dan de meeste dorpelingen en bedacht zij oplossingen voor de uiteenlopende problemen die in het dorp speelden. Nee, dacht men, zij zou weleens de economische redder van het dorp kunnen zijn.

Ichabot was zwak als het aankwam op vrouwelijk schoon en al snel kon hij zijn ogen niet meer afwenden van Katrina. Dit werd versterkt nadat hij een bezoek had gebracht aan haar ouderlijk huis, boerderij Tusschenwijck. Tusschenwijck was een oude boerderij die knus en gezellig was ingericht met een vuurplaats in de kamer en met eenvoudige handgemaakte meubels. De meubels waren nog gemaakt door opa Zonneveld, die vroeger meer meubels maakte voor de mensen uit de stad. De boerderij lag op een prachtig veld tussen de stad, Slaap aan Zee en de duinen. Vroeger, in de tijd van opa Claes Zonneveld, lag er direct naast de boerderij een veld waar elk jaar de prachtige felgekleurde zonnebloemen groeiden. De dorpelingen noemden het 'het zonneveldje'. De oude Baltus, Katrina's vader, was een vrijdenkend mens die maar weinig sprak met de dorpelingen. Zelden wisten de inwoners van Slaap aan Zee dan ook wat Baltus Zonneveld allemaal dacht van wat er in het dorp gebeurde, maar als hij er dan wat van vond, was dat meteen groot nieuws. Hij leefde goed van de handel met de stad en hij was een man die graag genoot van wat er op zijn boerderij allemaal te doen en te zien was. Er liepen kalkoenen, kippen, schapen en varkens, er was een kleine boomgaard en er werd graan verbouwd. Op het dak van de boerderij had zich een groep duiven verzameld en die leken het goed naar hun zin te hebben in de zon.

Ichabot likte zijn lippen af bij de gedachte dat hij deze winter een goed stuk varken of een luxe duivenborst kon eten. Hij waande zich een rijk man als hij dacht aan de dame die dit alles zou erven van haar vader. Dat alles kreeg hij als hij haar hand maar kon veroveren. Zijn gedachten namen een loopje met hem en hij dacht al meteen aan kinderen die door het huis zouden rennen en spelen, kinderen die hij samen met Katrina zou krijgen. De boerderij zou groeien en misschien wel te klein worden voor hen en dan zouden ze kunnen verhuizen naar de stad of naar God weet waarheen. Toen Ichabot het huis betrad was hij ogenblikkelijk verknocht aan de schoonheid van het huis. Vooral de bewerking van het hout in het huis was werkelijk overweldigend mooi, van de kleine gravure naast de voordeur met de naam van de familie Zonneveld tot de gegraveerde bloemen op de luiken van de ramen. Ichabot had echter wel een klein probleempje: hij was niet de enige die verliefd was op Katrina Zonneveld en de competitie was niet gering. Een van de jonge mannen uit het dorp die een oogje op Katrina hadden was Bram Beentjes. Bram Beentjes was een stevige jonge man, breedgebouwd en alom geliefd als held die menig kwaadwillende had verjaagd. Hij genoot met volle teugen van de geneugten des levens en hij was in de loop der tijden een tikje arrogant geworden. Bram stond bekend om zijn handigheid met paarden en zijn fanatisme bij hanengevechten. Hij had donker gekruld haar en diepbruine ogen. Hij had een selecte groep van vier jonge mannen om zich heen verzameld die hem als groot voorbeeld zagen. Maar als ze joelend door de straten van het dorp liepen wanneer ze uit de kroeg kwamen, verzuchtten de oudere vrouwen: 'Hé, Bram *Botjes*, met je maten, ga je eens gedragen.'

Zijn oog was inderdaad gevallen op de beeldschone Katrina Zonneveld, en dat stak hij niet onder stoelen of banken. Het was zelfs zo dat wanneer zijn paard aan het hek bij boerderij Tusschenwijck stond gebonden, andere aanbidders het niet waagden om ook maar in de buurt van de boerderij te komen. Dit was waar Ichabot Luiken het tegen op moest nemen, een waardige en sterke tegenstander. Katrina had Bram niet afgewezen. Ichabot wist dat het geen nut had om openlijk het gevecht om de hand van Katrina aan te gaan en daarom deed hij dat heimelijk. Als zangleraar kon hij regelmatig naar de boerderij afreizen zonder argwaan te wekken, en op subtiele wijze maakte hij Katrina dan ook voorzichtig het hof. Een klein compliment hier, een opmerking over het haar daar en soms, heel soms, een kleine aanraking. Voor mij is het altijd een raadsel geweest wat het hart van een vrouw beweegt of breekt; ik zal niet beweren dat ik van zoiets weet, ik bezie het vol verwondering. Ik weet wel dat vanaf het moment dat Ichabot meer en meer avances maakte in de richting van Katrina, die van Bram Beentjes steeds minder werden. Na verloop van tijd werd zijn paard nog slechts zelden gezien aan het hek van boerderij Tusschenwijck.

Ichabot was op z'n hoede, want hij had horen fluisteren dat Bram de tegenaanval zou inzetten, maar wat de plannen ook waren, Ichabot gaf Bram en zijn maten de kans niet hem de les te lezen. Zelfs niet toen Bram Ichabot voor zijn school kwam opzoeken. Het enige dat Bram nog restte was het uithalen van kwajongensstreken en het stoken van onrust, door bijvoorbeeld in te breken in de school, alles omver te trappen en de schoorsteen van de school dicht te stoppen, waardoor de school ontruimd moest worden. Bram maakte zijn mededinger te schande door in het bijzijn van Katrina te suggereren dat zelfs een dronken hond beter zangles kon geven dan Ichabot.

Op een zomeravond bij Katrina thuis zat Ichabot te praten met haar vader, de oude Baltus Zonneveld. Het was voor Ichabot voor het eerst dat Baltus Zonneveld over zijn vader, Claes, en zijn zoon, Jurriaan, vertelde. Claes Zonneveld was op een herfstachtige avond een wandeling gaan maken door het duinlandschap rondom het huis dat al generatieslang in de familie was. Nog voor het donker was geworden kwam de beste man bevend van angst thuis, en dat terwijl hij nog nooit bang was geweest van wat dan ook. Claes ging op een stoel zitten en bleef maar stamelen over een man en een paard en een angstaanjagende duisternis, maar meer dan dat wilde hij er niet over kwijt.

Maanden later, het moet in het voorjaar zijn geweest, zou Claes opnieuw een ontmoeting hebben met de ruiter. Het was zoals gebruikelijk vroeg in de avond toen Claes zijn dagelijkse wandeling ging maken, maar vandaag was het een wandeling waarvan hij nooit meer terug zou komen. Niemand weet wat hem is overkomen, maar de gruwelijkheid van zijn lot stond onomstotelijk vast. Het moet wel de hoofdloze ruiter geweest, zijn want het lichaam van Claes werd nooit gevonden, maar wel de strohoed die hij altijd had gedragen en een vertrapte pompoen. De oude Baltus had duidelijk moeite met dit verhaal, maar hij vertelde toch verder, nu over zijn enige zoon, de oudere broer van Katrina. Jurriaan, zoals de jonge Zonneveld werd genoemd, was op weg van het dorp naar de stad om voorraden af te leveren bij Slot Swaensmeer. Vlak voor hij de brug op reed, zagen de wachters hoe een zwarte ruiter probeerde eerder bij de brug te komen, als in een wedstrijd. Toen Jurriaan achteromkeek om te zien wat de afstand was, werd er iets ronds tegen hem aangegooid en viel hij op de grond. De wachters snelden naar hem toe, maar tegen de tijd dat zij daar aankwamen, was zijn lichaam niet meer te vinden. Wel lag er een berg kapotte pompoenen die van de wagen waren gevallen, maar verder was er niets dat deed denken aan wat de wachters hadden gezien. Over het algemeen werd aangenomen dat Jurriaan zou zijn gevlucht, maar de dorpelingen geloofden daar niets van, het moest wel de hoofdloze ruiter geweest zijn. De oude Baltus had er duidelijk moeite mee en ging die avond bedroefd naar bed.

Op een goede herfstdag zat de klas van Ichabot Luiken hard te werken toen er een geluid achter uit de klas klonk. Het was de stalknecht van meneer Zonneveld, die de klas binnenkwam met een uitnodiging voor een feest dat zou worden gehouden bij de Hofstede van Haerlem te Assum nabij Eemskerk. Ichabot was er zo mee in z'n nopjes dat hij zich door de lessen haastte en de kinderen eerder naar huis stuurde dan gebruikelijk. De galante Ichabot gebruikte de tijd die nu overbleef om zich nog eens extra goed uit te dossen en er op en top plezant uit te zien, speciaal voor het feest. Om een extra diepe indruk achter te laten leende hij van zijn huidige logeeradres uit het dorp een paard. Het paard had zijn beste tijd gehad. Het was blind aan één oog en zag eruit alsof het al het werk van dit seizoen alleen had moeten doen. Afgezien van een duivelse twinkeling in het nog goede oog en een briesend karakter stelde het niet veel meer voor. Ichabot en het paard leken op een bepaalde vreemde manier wel op elkaar. In elk geval pasten ze goed bij elkaar en konden meteen goed met elkaar overweg. Hij hield de zweep vast alsof het zijn koningsscepter was en tijdens het rijden bewogen zijn armen op en neer als waren het vleugels. Langs de weg werd nog hard gewerkt aan de oogst van appels en pompoenen. De natuur had besloten dat het herfst was en in het bleke najaarslicht, waarmee de zon de aarde nog overgoot, fonkelden de bladeren dan ook met hun gouden kleur van verderf. Tussen dit schouwspel van mens en natuur reed in vrolijke draf Ichabot op zijn paard. Het was pas vroeg in de avond toen Ichabot de Hofstede van Haerlem te Assum bereikte. Hij trof daar een overdadig feest vol van vermaak en vele rijke boeren uit de omgeving; het stadse leven kwam hier tot wasdom. Er waren meisjes met prachtige jurken en strohoeden met lintjes, manden met appels en zelfs speciale ciderpersen. Pompoenen en kalebassen lagen in de zon te glunderen. Te midden van dit alles stond Katrina Zonneveld, met een huid zo zoet en glanzend alsof die met honing was bestreken. Bram Beentjes was er ook en hij was het stralende middelpunt van de belangstelling, onmiskenbaar als held getooid. Hij was op z'n beste paard gekomen, Durf-al, en het paard was net als Bram stoutmoedig, en tevens een onruststoker, maar niet zo'n grote als zijn meester

Ichabot liet zich niet zomaar uit het veld slaan en had een stoutmoedig en vergevingsgezind hart en deed zich, in tegenstelling tot veel van zijn lotgenoten, niet tegoed aan de drank maar aan eten en daar was geen gebrek aan op dit feest. Er waren vele soorten vruchtentaarten, waaronder pompoentaarten, appeltaarten en aardbeientaarten, maar ook vele soorten wijnen en bieren waren in overvloed aanwezig. In het bijzonder was er een speciaal bier uit Eemskerk, een nabijgelegen dorpje. Natuurlijk was er ook vlees, zoals geroosterde kip en varken. De kasteelheer had er flink zijn best op gedaan. Tussen de stomende ketels met soep en warm water slenterde Ichabot in gedachten verzonken door de extase van overheerlijke geuren van kruiden, vlees en andere lekkernijen.

Ichabot bedacht hoe hij over een poosje misschien wel de kasteelheer zelf zou zijn en hoe hij dit soort feesten zou houden voor de burgerbevolking en hoe gelukkig hij zou zijn met zijn Katrina aan zijn zijde. Plots, als donderslag bij heldere hemel, realiseerde hij zich hoe schandelijk overhaast hij de school had gesloten en de kinderen naar huis had gestuurd. Hij schaamde zich diep. Op dat moment werden zijn gedachten ruw onderbroken door het geluid van een groepje muzikanten dat feestelijke dansmuziek begon te maken en al zagen de instrumenten er niet nieuw uit, het feest was er niet minder om. Binnen de kortste keren waren de eerste voeten al van de vloer en stonden de gasten te dansen.

Ichabot achtte zichzelf met dansen net zo goed als met zingen en er was geen ijdeler man op de dansvloer te vinden dan hij. Zijn geluk kon niet op, zijn lichaam gleed over de dansvloer en het verlangen van zijn hart werd bevredigd, want zijn partner was niemand minder dan Katrina Zonneveld en ze glimlachte zo lief dat Bram Beentjes jaloers in een hoekje het nakijken scheen te hebben.

Toen de dans ten einde was, zag Ichabot de oude Baltus Zonneveld met andere mensen druk pratend en drinkend aan een tafel zitten. Zij spraken over voorbije jaren en over de vrouw in het wit die in de moerassen tussen de dorpen Eemskerk en Uitgeest zou rondwaren. Maar ook hier was het gesprek van de dag de hoofdloze ruiter uit Slaap aan Zee, zoals het dorp nog altijd door buitenstaanders werd genoemd. Hij zou gezien zijn ver buiten het dorp en zelfs in de stad, nabij de brug van Slot Swaensmeer en ook een kerkhof zou zijn geschonden door de hoofdloze ruiter. Het was de oude Burger die het verhaal vertelde, en hij was een van de stelligste ontkenners van spookverhalen en geloofde er in het geheel niet in.

De oude Burger ontmoette de hoofdloze ruiter op de terugweg van Slaap aan Zee naar de stad. Hij had de korte weg genomen door de duinen richting de nieuwe begraafplaats over de drassige weiden en de ruiter reed opeens achter hem. Burger werd uitgedaagd en voor hij het in de gaten had werd hij, hoewel hij echt niet de zwakste was, op de grond gesmeten en heel even was de hoofdloze ruiter zichtbaar als een skelet, om vervolgens als de bliksem ineens verdwenen te zijn. Bram Beentjes bevestigde het verhaal van de oude Burger door te vertellen dat hij zelf, toen hij uit een naburig dorp naar Slaap aan Zee terugkeerde, werd ingehaald door een ruiter gekleed in zwart die hem uitdaagde, met als inzet een kom punch. Hij had het moeten winnen, maar toen ze bij de kerk in het dorp aankwamen bolde de ruiter op en verdween in een vurige flits.

Kort hierna liep het feest ten einde, de dames zochten hun heren op en de boeren, burgers en buitenlui trokken langzaam terug naar hun eigen bedstede en ze waren nog lang te horen met hun gelach en met hun paard-en-wagens over de paden die door de landerijen en duinen liepen. Ichabot bleef achter, in beslag genomen door zijn gedachten. Geheel overtuigd van zijn opmars tot roem en rijkdom was hij achtergebleven om een tête-à-tête aan te gaan met de vrouw des huizes. Helaas moet ik constateren dat er iets niet helemaal in orde bleek, want hij schreed voort naar de stallen als een gebroken man met het hoofd bedroefd omlaag hangend. 'Had dan van die vrouwen, nee wijven, afgebleven!' sprak Katrina om Ichabot nog maar eens duidelijk te maken dat hij de strijd had verloren van zijn rivaal, Bram Beentjes.

Laat ons volstaan met te zeggen dat Ichabot ervandoor leek te gaan met een gebakken haantje in plaats van met de gelukzaligheid van een vrouwenhart. Zonder ook maar op of om te kijken schreed hij naar de stallen. Daar aangekomen griste hij gemeen zijn geleende paard bij de teugels en ging ervandoor.

Tegen die tijd had reeds het ongeluksuur geslagen, de tijd van heksen en spoken was aangebroken. Wolken trokken voor de maan, de wind zette op en hier en daar was het gehuil van een wolf te horen of het geblaf van een waakhond. Bedroefd en terneergeslagen zat hij op zijn paard en reed huiswaarts. Hoe donkerder de nacht werd, hoe eenzamer hij zich begon te voelen. Nog nooit in heel zijn leven was hij zo eenzaam geweest, noch had zich ooit zo ellendig gevoeld.

Nog even doorrijden, realiseerde hij zich, en dan zou hij langs de plek komen waar zo veel van de spookverhalen die hij had gehoord plaats zouden hebben gevonden. Van opwinding, of misschien wel van angst, spoorde hij zijn paard aan om sneller te gaan en nog sneller. Ze kwamen bij een stroompje aan waar langs de kant kleine houtblokken lagen opgestapeld, maar in plaats van dat het dier over het water sprong, ging het regelrecht de bramenstruiken aan de andere kant van het pad in. Toen het paard tot stilstand kwam, zag Ichabot een zwarte verschijning op het pad staan. Hij was zo donker dat hij bijna in het donker van de nacht wegviel, alleen omdat Ichabot al aan het duister gewend was kon hij de schaduw waarnemen. De haren op het hoofd van de onderwijzer gingen recht overeind staan, kippenvel bekroop hem als een spin die in een web naar de vlieg kruipt. Stamelend en bevend vroeg hij: 'Wie, wie … bent … u?' Er kwam geen antwoord. Nogmaals begon de onderwijzer te stamelen van angst: 'Wie, wie … bent … u?' Opnieuw kwam er geen antwoord. Z'n hart zonk hem in de schoenen, de stilte werd onaangenaam, ongemakkelijk zelfs en uiteindelijk afschuwelijk. Ichabot kon nu uit de schaduw opmaken dat de verschijning op een paard zat en duidelijk een grofgebouwde man moest zijn, alleen kon hij geen hoofd aan de bovenzijde van het lichaam onderscheiden. De angst bekroop hem opnieuw toen hij ontdekte dat de man een hoofd voor op de knop van zijn zadel had gezet. Nu was Ichabot complete overrompeld en in paniek. Hij gaf zijn paard de sporen, maar het dier begon wild te steigeren en galoppeerde in een vlaag van instinct in de richting van zijn huis.

Ichabot, die ternauwernood op het paard kon blijven zitten, stuiterde letterlijk alle kanten uit met zijn tengere lijf. Uiteindelijk kwamen ze aan bij de enige weg die nog vanaf deze locatie naar Slaap aan Zee en Duin leidde. Het zou nog meer dan een kilometer zijn voor ze bij de kerk zouden aankomen. Het paard leek wel door de duivel bezeten, zo hard stormde het in de richting van de kerk. Ichabot boog zijn hoofd zo ver mogelijk naar voren en sloeg zijn armen om de nek van het dier. Juist op dat moment begaf de band die het zadel op z'n plek hield het. Het zadel zakte tussen zijn benen vandaan en viel op de grond. Zijn lichaam werd heen en weer geslingerd op het paard, dat nog steeds als door de duivel bezeten voortging. Het enige dat Ichabot nog kon redden was zich stevig vasthouden aan de hals van het paard.

In het duister, maar verlicht door de maan als de wolken er even niet voor dreven, kon Ichabot in de verte de contouren van de bomen en de kerk zien. De stenen van de kerk leken de vale lichten van de maan te weer spiegelen, bijna als een lokroep: 'Kom hier, kom hierheen.' Opeens schoot het hem te binnen: dit was de plaats waar in de verhalen de duistere ruiter opeens verdween. Ichabot dacht: nu ben ik veilig, en hij spoorde zijn paard aan om nog een stapje extra te doen door tegen de ribben van het arme dier te trappen. Hij durfde eindelijk achterom te kijken naar zijn achtervolger en tot zijn schrik zag hij dat het paard over de dorpsweide was gegaloppeerd, terwijl hijzelf nog niet bij de kerk was. De ruiter pakte zijn hoofd en smeet dat in de richting van Ichabot. Het raakte hem tegen zijn hoofd, Ichabot viel op de grond, zijn paard ging door en ook de ruiter passeerde hem. Toen werd alles donker.

$$* \quad * \quad * \quad * \quad *$$

e volgende morgen werd het paard teruggevonden bij zijn eigenaar, het brave beest stond in de tuin te grazen. Ichabot verscheen niet aan het ontbijt, zoals hij dat zo vaak had genoten bij een van de dorpelingen, de schooltijd brak aan en de schooltijd ging, maar geen Ichabot. Etenstijd brak aan, maar nog steeds geen Ichabot. Bij rondvraag bleek ook niemand hem gezien te hebben, de sporen van de hoeven werden gevolgd en er was zelfs een enkeling die het waagde de weide op te trekken, maar niets werd er van Ichabot gevonden. Nou ja, niets, men vond wel wat, men vond de hoed die hij had gedragen naast een kapotte pompoen.

Het voorval veroorzaakte heel wat opschudding, helemaal de eerstvolgende zondag bij de kerkdiensten. Men schudde het hoofd en kwam tot de conclusie dat Ichabot Luiken was meegenomen door de hoofdloze ruiter. Maar Ichabot had geen schulden en geen erven en uiteindelijk maakte niemand zich nog druk om de eens zo geliefde leraar die hun kinderen de psalmen had leren zingen.

Jaren later zou een dorpsbewoner uit de stad terugkeren met het verhaal dat Ichabot nog steeds in leven was en zich had laten scholen in het recht en nu in dienst was van de heren van Kennemerland. Ook Bram Beentjes zou na zijn huwelijk met Katrina Zonneveld zijn gaan werken bij de heren van Kennemerland. Wanneer het verhaal verteld werd door de dorpsbewoners, was het duidelijk dat Bram Beentjes meer van dit verhaal wist dan hij liet blijken. De school raakte in verval en volgens de verhalen zou de geest van Ichabot nog altijd in het vervallen gebouw rondwaren en op een stille zomernacht zou je de stem van de leraar in de verte nog kunnen horen, sprekend tegen zijn leerlingen.

Veel van de dorpelingen hebben net als wij de oversteek gewaagd naar de nieuwe wereld. Velen van ons settelden zich in Terry Town en omgeving. We hoopten de verschrikkingen van Slaap aan Zee en Duin achter ons te kunnen laten. Voor een tijd ging dat goed, maar zelfs nu in 1792, tweehonderd jaar na die verschrikkelijke tijd in Slaap aan Zee, wordt onze familie opgejaagd door de hoofdloze ruiter. Sleepy Hollow, zoals deze vallei ook wel wordt genoemd, vertoont sinds kort de kenmerken van de hoofdloze ruiter: er verdwijnen mensen op mysterieuze wijze en ze worden nooit meer gevonden, het enige dat nog rest is een vertrapte pompoen. Het is aan jou, mijn zoon, om onze familie te redden. Vlucht weg van hier en laat de naam die je altijd hebt gedragen achter je. Ik moet blijven, de ruiter weet wat mijn echte naam is. Wij kwamen hiernaartoe onder de naam 'van Tassel', maar je bent eigenlijk een Beentjes en er stroomt Zonneveldbloed door je aderen. Je bent een directe afstammeling van Bram Beentjes en Katrina Zonneveld. Ga, nu je het hele verhaal kent, en red jezelf en vergeet nooit dat de hoofdloze ruiter ons altijd achtervolgt. Ga, ga nu, nu het nog kan!

Over de auteur
Frank Koning, biograaf

Jeroen Bakker is geboren op 30 mei 1981 in de gemeen- 
te Velsen. Drie en een half jaar later komt er een zus-
je en is het gezin compleet. In 1986 verhuist het gezin
naar Heemskerk. Bij Jeroen wordt in 2001 geconstateerd
dat hij dyslectisch is. Als in 2008 ook nog de diagnose
Asperger wordt gesteld (een autismespectrumstoornis),
wordt met terugwerkende kracht duidelijk waarom Je-
roen het moeilijk had in zijn schooltijd en soms door
diepe dalen heeft moeten gaan.

Desalniettemin blijkt Jeroen een doorzetter en komen
zijn artistieke talenten bovendrijven. Naast diverse baan-
tjes legt Jeroen zich in de loop der jaren onder andere
toe op het schrijven van gedichten (vanaf 1996) en proza en ook is hij geen on-
verdienstelijk componist. In 2009 levert Jeroen een bescheiden bijdrage aan de
realisatie van de Friese vertaling van *The Hobbit* van J.R.R. Tolkien en verder zet
hij een aantal gedichten op muziek, waaronder een gedicht van Petrus Augustus
de Génestet ('Waar en Hoe') en een gedicht uit de Friese *Hobbit* met de mooie
titel 'Wyn fan de Draak'. Momenteel [red. 2012] werkt Jeroen op de redactie
van een radio-omroep en combineert hij deze werkzaamheden met schrijven en
componeren.

In uw hand houdt u het eerste tastbare bewijs van het talent van Jeroen. Het
zal echter vast niet bij deze bundel blijven. Jeroen werkt inmiddels aan een auto-
biografie en een hoorspel en er zal ongetwijfeld nog meer ontspruiten aan zijn
creatieve geest.

Veel plezier met het lezen van deze bundel en houd zijn naam in de gaten.

Woorden van dank

Laat mij aanvangen met u, de lezer, te bedanken voor de aanschaf van dit boekje.

Jasper, voor je creativiteit door de jaren heen. En in het bijzonder voor dit boekje.

Pap en mam, zonder jullie was ik allang verdronken in de oceaan van het volwassen-zijn.

Huub, jouw vriendschap is me alles waard.

Bob, in het bijzonder wens ik jou heel veel creativiteit en liefde toe. Dat jouw dromen over Indonesië maar uit mogen komen, dat heeft de wereld wel verdiend.

Isabel, het wordt tijd dat jij, Bob en ik weer eens lekker een borreltje gaan drinken.

Frank, met oprechte dank voor alles. Trouwens, weet jij eigenlijk al waar en wanneer de eerstvolgende whisky-bijeenkomst van het Noord-Hollands Whisky Genootschap is?

In de wetenschap dat je altijd wel iemand tekortdoet: 'Wie ik ben vergeten, gij zult dat zelf het beste weten. Neemt gij daar geen aanstoot aan en bedenk dan, hier staat uw naam.'

<u>**Woorden van dank bij de 2de druk**</u>

Jasper, wederom dank voor je bijdrage aan dit boekje.

Margreet, dank voor het zo veel beter maken van mijn 'oude' teksten. Ik ben dankbaar dat jij zo vriendelijk bent geweest om met groot geduld en verfijnde tactiek met mij samen te werken, wat ongetwijfeld niet altijd even eenvoudig zal zijn geweest. Ik ben je daar dan ook een grote dank voor verschuldigd.

Bob, fijn dat ik onderdeel mocht zijn van jouw dichtdebuut, *Het is gelukkig niet bewolkt vandaag*. En ik kijk uit naar onze verdere samenwerkingen. Dat Oz-audio-boek gaat er écht komen! Vraag me alleen nog niet wanneer.

Ik ben door mijn persoonlijke omstandigheden misschien niet altijd de vriend geweest die ik graag had willen zijn of de vriend die jullie van mij hadden mogen verwachten. Ik wil al mijn vrienden graag bedanken dat jullie desondanks mijn vrienden zijn gebleven.

Regelmatig heb ik mij de afgelopen tijd afgevraagd wat er in het hoofd van Monsieur Punt omgaat als het aankomt op het decreet om de Goede Raadkerk in Beverwijk te sluiten. Hij heeft daar een bruisende geloofsgemeenschap die heeft aangetoond de wil te hebben zich volledig in te zetten voor het behoud van de kerk. Er is zelfs een bod gedaan door de parochianen om de kerk te kopen van het bisdom. Zonder al te diep te willen ingaan op de omstandigheden zou het mij zeer wel edel overkomen als het bisdom Haarlem-Amsterdam in al zijn wijsheid genegen zou willen zijn te luisteren naar de volgende 'goede raad'.

De Goede Raad

Een goede raad, als u mij toestaat,
Waar zelfs de bisschop van Haarlem geen Punt van maakt
Een Goede Raad kan in Beverwijk geen kwaad

Een Goede Raad die voor eeuwig staat
Een Goede Raad waarvoor men eeuwig vechten gaat
De Goede Raad vraagt om een goede raad

Waarom dan geen Goede Daad
en laat de Goede Raad waar hij staat?

Inmiddels is de Onze Lieve Vrouw van Goede Raadkerk in Beverwijk definitief gesloten voor geloofsbelijdenis, alle procedures in Rome ten spijt. Mijn medeleven gaat uit naar de parochianen, ik wens hun het beste toe. Dank dat ik de presentatie van deze bundel in 2012 bij jullie mocht houden, ik denk met vele warme gedachten terug aan die eerste april. Jeroen van Luiken-Bakker

De meesterzet

Het paard geklemd

de dame rent

ze haalt het net,

niet…

Verloren,

uit een gelukje geboren.

Pas op!

Daar komt de Zwarte Toren

en

pionnen komen ook naar voren